D1868964

V I E L S P A ẞ

Hans Gärtner

Leselöwen
Kinderrätsel

Zeichnungen von Angela Weinhold

Loewe

Die Deutsche Bibliothek – CIP-Einheitsaufnahme

Gärtner, Hans:
Leselöwen-Kinderrätsel / Hans Gärtner.
Zeichn. von Angela Weinhold.
– 1. Aufl. – Bindlach : Loewe, 1997
(Leselöwen)
ISBN 3-7855-3022-6 Pp.

Dieses Buch ist auf chlorfrei gebleichtem Papier gedruckt.

ISBN 3-7855-3022-6 – 1. Auflage 1997
© 1997 Loewe Verlag GmbH, Bindlach
In anderer Ausstattung erstmals 1993 im Loewe Verlag erschienen
Umschlagillustration: Angela Weinhold
Satz: Fotosatz Leingärtner, Nabburg
Gesamtherstellung: L.E.G.O. S.P.A., Vicenza
Printed in Italy

Inhalt

In jeder Reihe
ist was falsch –
aber was ?

So leicht wie eine Feder – das errät doch jeder!

Fernseher, Vogel, Dose

Womit fängt alles an?

Womit
fängt alles an?
Nun sag schon, Mann!
Womit?
Sei so schlau
und schau
genau
und hör hin, Mann!

Womit
fängt alles an?
Womit?
Ja, ja,
mit einem Wicht.

Weißt ihn noch immer nicht?
Bei allem ist er vorn
zu finden.
Beim Ja allerdings hinten.

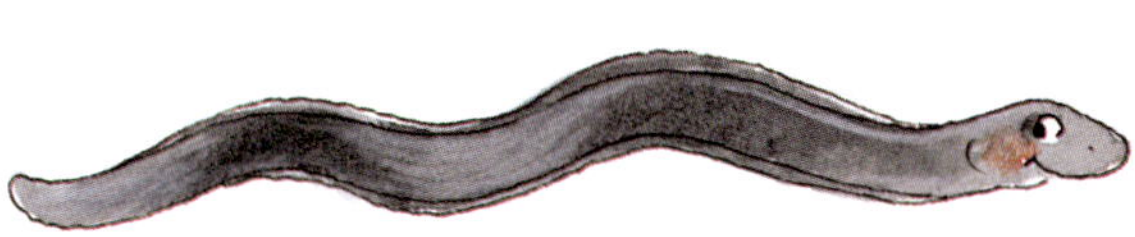

Der Buchstabe a

Sachen gibt's …!

Sind aus Leder,
trägt ein jeder.
Schritt für Schritt
er sie tritt.

Schuhe

Macht stark,
der Qu _ _ _.
Nicht vergessen
ihn zu essen!

Quark

Ob Kinder oder Katzen,
ob Bilder oder Bord –
es lässt so ziemlich alles
sich spannen vor das Wort.

Auch Wörter oder Witze,
auch Garten und auch Grund –
worum es sich hier handelt,
ist ganz, ganz selten rund.

Buch

Auf der Nase sitzt sie
und im Dampfbad schwitzt sie.
Hier läuft sie oft derart an,
dass man nicht mehr durchschaun kann.

Brille

Rapunzel trug es lang.
Mit einer schönen Spang'
hielt es – und das ist wahr –
zusammen ihr goldenes _ _ _ _.

Haar

Manchen kleinen Mädchens Kopf
ziert ein schöner, langer _ _ _ _.

Zopf

Er schnippelt und schneidet,
er bürstet und stutzt.
Ist er mit dir fertig,
bist raus du geputzt.

Friseur

Wer ist das?

Sie weiß es
und fragt doch.
Sie kennt es
und stellt noch
einmal die Frage
am nächsten Tage.
Steht dir die Antwort zu Gebote,
gibt sie dir eine gute Note.

Lehrerin

Bist du hungrig, hast du Durst:
Ein Glas Limo, eine Wurst,
Brot dazu, Rettich vom Meer
bringt dir auf Bestellung – wer?

Kellner

Kamera mit Tele, Blitz,
Kuli, Schreibblock, ist kein Witz,
aber viel mehr braucht er nicht
für 'nen Bericht,
der Bände spricht.

Reporter

Der Buchstabe macht's

Mit Z gar scharf beim Beißen.
Im See schwankend mit K.
Mit B geht's in die Ferne
und auf den Hof mit H.

Zahn, Kahn, Bahn, Hahn

In Ulm bin ich und in Milano,
in Lima, London und Valladolid.
Doch fehle ich in Rom und Positano,
in Prag, Paris und in Madrid.
Wer will, der hat mich schon
und sollt mich fassen.
Denn leicht werd ich von keinem
mich fangen lassen.

Der Buchstabe l

Jeder hat's

Die Ersten fallen dir aus.
Die Zweiten reißt man dir raus.
Die Dritten klappern. O Graus!

Zähne

Hören können sie – und lauschen.
Klingen aber auch – und rauschen.

Ohren

Lässt du sie davon,
hältst du dich raus.

Finger

Du hast sie zum Klatschen
und auch zum Patschen.
Nimmst du sie vom andern,
könnt _ _ _ _ in _ _ _ _ ihr wandern.

Hand

Der eine – der andere

Der eine hat eins für Tiere,
der andere nicht einmal eins für Kinder.

Herz

Was bei dem einen gedroschen wird,
das ist bei dem andern im Kopf.

Stroh

Überall bekannt

Der Erste schaut auf zwölf zurück,
der Zweite lässt dich harren,
der Dritte schenkt dir Frühlingsglück,
der Vierte hält dich zum Narren.

Der Fünfte beschert die reine Wonne,
der Sechste lockt nach draußen,
der Siebte brät dich in der Sonne,
der Achte zieht dich fort mit Brausen.

Der Neunte macht die Scheune voll,
der Zehnte manchmal trübe,
der Elfte treibt's schon wieder toll,
der Zwölfte bringt das Fest der Liebe.

Die zwölf Monate

So rund wie ein Ball,
doch lässt sich nicht fangen.
So nah überall,
doch nicht zu erlangen.
So hoch steigt sie auf,
so tief geht sie unter.
Und sie nimmt ihren Lauf
und wärmt, wer darunter.

Sonne

Vögel wohnen
in ihren Kronen.
Mit ihrem Stamm
stehn sie stramm.

Bäume

Ist schon etwas schwerer. Helfen Sie, Herr Lehrer!

25

1, 9 Schwanz

2, 5 Wählscheibe, Zifferblatt

3, 8 Pinsel, Löffel

4, 10 Griff

6, 7 Schornstein

Ohne geht's nicht

Ohne sie kannst du nicht sprechen,
könntest höchstens radebrechen.
Ohne sie kannst du nichts sagen,
müsstest mit den Augen fragen.
Ohne sie schmeckst du, mein Junge,
nichts. Was ist's? Die _ _ _ _.

Zunge

Erklärt der Doktor ihn für platt,
er ein Bett wohl nötig hat.
Schlüpft er in 'nen guten Schuh,
kommt platterdings er bald zur Ruh.

Fuß

Senkst du den Kopf
und schaust auf deines Bauches Mitte,
wärst du ein Tropf,
sähst du ihn nicht. Na bitte!

Nabel

In Italien einen Fluss
wörtlich man verdoppeln muss.
Hat man's, kann man sich drauf setzen
und den Hosenboden wetzen.

Popo

Es hat sie der Hase.
Es hat sie die Base.
Doch fehlt sie der Vase
und auch der Oase.

Nase

Kleines Ding, große Wirkung

Mit N der Vögel Wohnung.
Im Prüfungsfall mit T.
Mit R ein winzig kleiner Teil
und Windrichtung mit W.

Nest, Test, Rest, West

Gäb's mich nicht,
gäb's keine Weile,
gäb's nur eile, eile, eile!

Wär ich nicht,
hieß Axel Wimmer
Axel immer. Immer, immer!

Der Buchstabe w

Wurst-Durst, Wand-Hand, Wagen-Kragen, Wein-Bein,
Wiese-Riese, Wurm-Turm

Tisch-Fisch, Pferd-Herd, Hund-Mund, Bein-Schwein

Mit H musst du eilen.
Mit L drückt’s dich nieder.
Mit R darfst verweilen.
Mit G – komm mal wieder!

(Dass etwas vom Baum
hier ist gefragt,
hat jemand im Traum
dir eingesagt.)

Ast

Vorwärts – rückwärts

Lies vorwärts oder rückwärts mich,
ich bleibe unveränderlich.
Nachts flieg ich durch den dunklen Wald,
denn dieser ist mein Aufenthalt.
Der Sonne Licht
mag ich nicht.
Und wenn ich rufe, schaudert's dich.
Den eignen Namen nenne ich.
Lies vorwärts oder rückwärts mich,
ich bleibe unveränderlich.

Uhu

REIEM UARF
OTTO
RETEP
ANNA
SUALOKIN
APAPSSORG
Lies rückwärts
und du weißt, wie
hier jeder heißt:
OLLEB
ANI
ASIL

Ich bin … Was bin ich denn?

Ich bin
von Nutz'
beim Putz
in Haus, Hof und Garten.
Kehr Schmutz
aller Arten.

Besen

Ich bin
immer da –
tralalala –,
wo Kinder gern lachen.
Hurra!
Und tu Spaß machen.

Kasper

Ich bin
wie geschaffen
zu raffen,
zu greifen und halten –
sogar beim Affen,
jungen und alten.

Hand

Ich bin
zu gebrauchen
beim Rauchen.
Mit Tabak mir stopf,
willst du schmauchen,
den Kopf!

Pfeife

Ich bin
ganz ehrlich
unentbehrlich
als Gartengerätschaft mit Stiel.
Mein Blatt ist gefährlich,
doch leistet es viel.

Spaten

Ich bin
ein Kasten
mit Tasten,
schwarzen und weißen.
Wenn Finger drüberhasten,
wird Spiel das geheißen.

Klavier

Monika, fällt dir was auf?

Mundharmonika

Salzheringe

Amerika

Tarantella

Salmonellen

Hosianna

Angina

Zimmerlinde

Jedes Wort endet mit einem Mädchennamen: Monika, Inge, Ella, Anna, Erika, Ellen, Gina (Ina), Linde. Das Mädchen heißt Anneliese.

Kurz gesagt

Legt sich einer rein,
will er Erster sein.

Zeug

Ist rund und hat zwei Löcher,
an der Jacke noch und nöcher.

Knopf

Eine schreibt auf Briefpapier.
Viele füllen 's Bette dir.

Feder

Aus Blättern besteht's,
zu blättern geht's.

Buch

Davon gibt's viele

Sonne, Mond und ‚Was weiß ich?'
stehn am hohen Himmel.
‚Was weiß ich?' – die sorgen dort
für funkelndes Gewimmel.

Sterne

In den Wiesen
grün sie sprießen,
schaukeln im Wind,
kitzeln das Kind.

Gräser

Aus Silber ist der eine,
den du bei Tisch benützt.
Der Hase streckt die Beine,
wenn er die andern spitzt.

Löffel

Selbst die Superschlauen haben dran zu kauen

Flink ausgetauscht, schon ist's was anderes

Mit F aus Holz mit Reifen.
Im Kirchenchor mit B.
Mit H der Liebe Gegenstück
und Ausweisschein mit P.

Fass, Bass, Hass, Pass

Mit R ein schwarzer Vogel.
Im Bienenstock mit W.
Mit H Besitzers ganzer Stolz
und ein Geschenk mit G.

Rabe, Wabe, Habe, Gabe

Mit P ein Schmerz und Marter.
Im blanken Glas mit W.
Mit St ein Stück Felsen nur
und Körperteil mit B.

Pein, Wein, Stein, Bein

Mit K hat's der Hügel,
mit S löffelt man's aus.
Mit J hängt's am Bügel,
wenn 's u tauschst du aus.

Kuppe, Suppe, Joppe

Vieles gibt's doppelt

Viermal darfst du raten, was doppelte Bedeutung hat.
Ein Beispiel: „Hahn" kann der Gockel sein, aber auch der Wasserhahn. Und mit einem der beiden Hähne geht es los:

Der vom Friseur fährt dir durchs Haar,
der Hahn zeigt einen roten gar.

Kamm

Weiß ist es meist in einem Buch,
doch gelb im Herbst am Baum es such!

Blatt

Sprosse für Sprosse führt sie dich nach oben.
Sprosse für Sprosse stieg er – und ist droben.

Leiter

Nimm den Boxer: In ihm steht er,
den am Finger aber dreht er.

Ring

Mal gut, mal schlecht

Hast du es im Hosensack,
bist du traurig; denn
alles, was du reingepackt,
ist im Nu dahin:

Gummibärchen, Schnur, Adressen,
Hühnerkralle, Fünfmarkstück.
Dies und mehr kannst du vergessen,
nichts davon kriegst du zurück.

Hat's die Maus in höchster Not,
ist sie glücklich; denn
alles Teure – sapperlot! –
wär im Nu dahin:
Leib und Leben, Trinken, Essen,
Kinder, Mann – ihr ganzer Schatz.
Dies und mehr könnt sie vergessen,
alles wär dann – für die Katz!

Loch

Ein Wort, doch sind's zwei

Der fällt,
das hält.

Tau

Frau trägt ihn nicht,
Mann gar nicht selten.
Sogar der Schlüssel
kann als sein Träger gelten.

Bart in doppelter Bedeutung

Lässt sie die Tanne,
dann tut sie's auch.

Nadeln – nadeln

Manchmal drückt er

Fährst du an im Zug,
macht es einen _ _ _ _.
Merk dir, was es macht:
Hast mein Erstes schon erdacht!

Was vom Nikolaus ich mag,
bringt er mir in seinem _ _ _ _:
Äpfel, Nüsse, Pfefferkuchen …
Musst mein Zweites du noch suchen?

Nun eins – zwei
rasch herbei!
Schnallst du eins – zwei auf den Rücken,
musst du dich ein wenig bücken.
Drückt er dich? – Einerlei,
hast beim Gehn die Hände frei!

Rucksack

Wein-Glas-Haus-Schlüssel-Ring-Finger-Hut-Schachtel

Dahinter, doch auch davor

Hier sind Wörter zu raten, die sowohl hinter als auch vor einem Wort stehen können.
Ein Beispiel: Hinter dem Wort „Regen“ und vor dem Wort „Rad“ kann das Wort „Wasser“ stehen: Regenwasser, Wasserrad.

Was steht hinter dem Wasser und auch vor dem Schirm?

Fall

Was steht hinter dem Schüler
und auch vor der Leiter?

Heim

Was steht hinter dem Holz
und auch vor dem Geheimnis?

Bank

Was steht hinter dem Apfel
und auch vor dem Kuchen?

Baum

Was steht hinter dem Platz
und auch vor dem Mantel?

Regen

T-Anne, Pf-Anne, K-Anne, W-Anne

Wörter kann man verändern

Gäb's mich nicht,
hingen Locken im Turm,
fräßen Eier das Aas,
kämen Äste zur Party,
zählt die Reise zu den Alten
und ein Rübchen zu den Falten.

G – G-Locken, G-Eier, G-Äste, G-Reise, G-Rübchen

Mit Fett- schwimmt's auf der Suppe,
Mit -trost ein Kräutlein fein.
Mit Schlummer- hat's die Puppe,
mit -tropfen träufel's ein!

Der Mensch hat's nicht alleine,
man werfe eines drauf:
Kartoffeln haben kleine –
und Würfel gar zuhauf.

Auge, Augen

Im Brennholz steckt's,
selbst in des Lehrherrn Bauch,
die Zunge schleckt's,
ja – und die Sonne auch.

Eis: R-Eis-ig, M-Eis-ter

Mit -langer hilft er dir,
mit -lungen sind es Taten.
Mit -läufe Treppenzier,
mit -lesen ist es Raten.

Hand

Die Letzten

Bei der Zenz
und beim Wenz
hab ich nie Verdruss.
Denn ich steh
wie im Abc
bei den zwein am Schluss.
Jemand muss der Letzte sein,
sag ich mir
und schick mich drein.

Der Buchstabe z

Wer mich rät,
brät.
Wer mich hat geraten,
aß einen Braten,
der hatte seinen Schmaus
und mit mir ist's aus.

Rätsel

Noch drei

In manchen Gefilden
eine Hecke sie bilden.
Dicht an dicht
verwehren sie die Sicht.

Sträucher

In die Hand genommen,
rasch davongekommen.

Beine

Mit Einband oder ohne,
mit Bändchen oder ohne –
ein Band oder Bändchen
ist's ohnehin,
wenn gebunden.

Buch

Hans Gärtner wurde 1939 in Reichenberg/Nordböhmen geboren. Er war Volksschullehrer, promovierte nach einem Zweitstudium zum Dr. phil. und ist seit 1981 Professor für Grundschulpädagogik in Eichstätt. Seine Arbeitsschwerpunkte sind Leseerziehung und Kinderliteratur. Hans Gärtner hat bereits zahlreiche Bücher für Kinder- und Schulbuchverlage geschrieben.

Angela Weinhold, geboren 1955 in Geesthacht/ Schleswig-Holstein, wuchs in Ostfriesland auf. Nach dem Abitur begann sie ein Grafik-Design-Studium (Schwerpunkt Buch- und Presseillustration) an der ehemaligen Folkwang-Hochschule in Essen. Seit 1980 arbeitet sie freiberuflich als Illustratorin für Schul- und Jugendbuchverlage.

Leselöwen

Adventsgeschichten
Bärengeschichten
Computergeschichten
Cowboygeschichten
Delfingeschichten
Dinosauriergeschichten
Drachengeschichten
Feriengeschichten
Freundschaftsgeschichten
Fußballgeschichten
Geburtstagsgeschichten
Geistergeschichten
Geschwistergeschichten
Gespenstergeschichten
Glaubensgeschichten
Gruselgeschichten
Hexengeschichten
Hundegeschichten
Ich-mag-dich-Geschichten
Indianergeschichten
Kinderrätsel
Kinderwitze 1
Kinderwitze 4
Kinderwitze 5
Kuschelgeschichten
Lachgeschichten
Monstergeschichten
Naturgeschichten
Nikolausgeschichten
Opageschichten
Ostergeschichten
Pferdegeschichten
Ponygeschichten
Räubergeschichten
Rittergeschichten
Scherzfragen
Schlaf-gut-Geschichten
Schlummergeschichten
Schmunzelgeschichten
Schulgeschichten
Schulhofgeschichten
Schulklassengeschichten
Seeräubergeschichten
Spukgeschichten
Teddygeschichten
Tennisgeschichten
Tiergeschichten
Überraschungsgeschichten
Ungeheuergeschichten
Unsinngeschichten
Vampirgeschichten
Weihnachtsgedichte
Weihnachtsgeschichten
Weltraumgeschichten
Werd-gesund-Geschichten
Wintergeschichten
Zählgeschichten